DIE TUTTLE-ZWILLINGE
und ihr
SPEKTAKULÄRES
SHOW BUSINESS

© 2020 Connor Boyack
Alle Rechte vorbehalten.

ISBN 978-1-943521-46-3

Die Tuttle-Zwillinge und ihr spektakuläres Showbusiness

Covergestaltung: Elijah Stanfield
Herausgeber und Satz: Connor Boyack
Deutsche Übersetzung: Enno Samp
Lektorat: Annika Hundt

Gedruckt bei flyerheaven.de

Dieses Buch ist John Pestana gewidmet.

Er hat gezeigt, wieviel Positives ein Unternehmer bewirken kann.

„Deshalb ... habe ich es getan!", sprach der Schauspieler mit eindringlicher Stimme.

Die Tuttle-Zwillinge waren fasziniert von der verzwickten Handlung des Musicals. Es war das erste Mal, dass sie eine Vorstellung am Broadway besuchten und sie waren total begeistert.

„Das war großartig!", rief Emily, als die Familie Tuttle das Theater verließ. „So etwas bräuchte es auch bei uns zu Hause."

Die Familie spazierte über den Times Square und sie sprachen noch über das Musical. Die Zwillinge genossen den Besuch in New York mit seinen vielen Sehenswürdigkeiten. Aber das Musical war der Höhepunkt ihres Familienurlaubs gewesen.

„Früher habe ich davon geträumt, selbst einmal am Broadway aufzutreten", sagte Mrs. Tuttle und tanzte über die Straße. „Ich habe damals so gerne Theater gespielt."

Mr. Tuttle buchte mit seinem Handy ein Uber-Taxi und die Zwillinge bestaunten ein letztes Mal die hell erleuchtete Stadt. Da kam schon ihr Wagen und sie machten sich auf den Weg zum Flughafen, von wo es wieder zurück nach Hause ging.

„Lasst uns ‚Die Höhle der Löwen' anschauen", schlug Ethan vor, als sie in der Luft waren.

Die Tuttle-Familie liebte diese Fernsehshow. Dort präsentierten *Unternehmer* ihre neuen Produktideen oder Dienstleistungen, von denen sie sich gute Geschäfte versprachen. Sie versuchten jeweils die „Löwen" zu überzeugen, ihnen *Kapital* zu geben, damit sie ihr Geschäft gründen oder ausbauen können.

Im Gegenzug erhielten die Löwen dann jeweils eine Beteiligung am *Eigenkapital* des jeweiligen Unternehmens.

DIE HÖHLE DER LÖWEN

Einer der Unternehmer stellte selbstbindende Schuhe für Kinder und Menschen mit Behinderungen vor. Er brauchte eine Unterstützung von 350.000 Dollar und bot den Löwen dafür eine zehnprozentige Beteiligung an seinem Geschäft an.

Die Löwen fanden die Schuhe modern, und vor allem das Selbstbinden funktionierte sehr gut. „So etwas gibt es noch nicht", bemerkte einer von ihnen. „Ich bin interessiert."

„Ich mag einmalige Geschäftsideen, die noch keine Konkurrenz haben", sagte ein anderer. „Ich mache auch ein Angebot."

Am Ende stellten zwei Löwen gemeinsam dem Unternehmer das benötigte Kapital zur Verfügung. „Das wird bestimmt ein sehr erfolgreiches Geschäft werden", sagte einer von ihnen, als der Inhaber mit einem Lachen von der Bühne ging.

„Hey, da ist ja Jared!", rief Emily, als der nächste Unternehmer auftrat. Ihr Freund brauchte Kapital, um sein Imbisswagen-Geschäft auszubauen, mit dem er inzwischen in mehreren Städten tätig war.

Jared bat um eine *Investition* von 100.000 Dollar. Mit dieser Unterstützung wollte er sein Unternehmen ausbauen und auch mehr Gewinn erwirtschaften. Im Gegenzug bot Jared eine Beteiligung von 15% an seinem Unternehmen an.

Nachdem er sein Geschäftsmodell erklärt hatte, gab Jared den Löwen einige Kostproben der Gerichte, die er in seinem Imbisswagen verkaufte. „Das schmeckt köstlich!", sagte einer. „Aber Imbisswagen gibt es fast überall. Der Markt ist zu voll. Ich bin raus."

„Sie brauchen ziemlich viel Geld", meinte ein anderer Löwe. „Aber wie bekomme ich mein Geld wieder zurück? Ihr Imbisswagengeschäft ist nichts wirklich Einzigartiges. Mir scheint das Angebot zu riskant."

„Wie Papa immer sagt: Wer nicht wagt, der nicht gewinnt", sagte Emily zu Ethan.

„Aber bei all der Konkurrenz von anderen Imbisswagen, die Jared hat, sind die Gewinnaussichten für die Löwen das Risiko nicht wert", meinte Ethan.

Und er behielt Recht. Keiner der Löwen war bereit, sein Geld in Jareds Firma zu investieren.

BESSER

BILLIGER

ANGENEHMER

„Ich möchte ein Unternehmer werden wie diejenigen, die in der Höhle der Löwen auftreten", sagte Ethan nach der Sendung.

„Die Arbeit als Unternehmer ist etwas ganz anderes als bei normalen Angestellten", kommentierte Mr. Tuttle. „Man braucht kreative Ideen, die das Leben der Menschen angenehmer machen. Das ist der Schlüssel zum Erfolg."

„Was meinst du damit?", fragte Emily.

„Nun, mit einem Restaurant brauchen die Menschen nicht selbst zu kochen", erklärte er. „Ein Computerprogramm zu entwickeln, mit dem Menschen Geld sparen können, bringt diesen Vorteile. Oder ein günstiges Sportgerät zu erfinden, das ein vielseitiges Fitnesstraining zu Hause ermöglicht und damit die Anschaffung mehrerer teurer Geräte erspart, lohnt sich für die Kunden."

„Ihr müsst entweder etwas verbessern, das es schon gibt – also ein Produkt herstellen, dass entweder billiger oder besser ist als die Alternativen. Oder ihr müsst etwas Neues anbieten, das bisher noch nicht existiert", ergänzte Mr. Tuttle. „Das sind die beiden Möglichkeiten, um Kunden zu gewinnen."

Ethan überlegte, welche Art Unternehmen er wohl gründen könnte. Emily summte ein Lied aus dem Musical, das sie gesehen hatten. Und dann machte es Klick. „Wir könnten doch in unserer Stadt ein Theater gründen", sagte er.

Sofort begannen bei der ganzen Tuttle-Familie die Gedanken zu kreisen. Das schien eine aussichtsreiche Geschäftsidee zu sein. Denn in ihrer Stadt gab es nur gelegentliche Aufführungen von Schultheatern oder in Kirchen. Aber es gab keine Theater oder Musicals.

Das Flugzeug landete erst spät in der Nacht. Ethan und Emily waren so müde, dass sie kaum noch laufen konnten.

„Taxi gefällig?", fragte eine vertraute Stimme, als die Familie ihre Koffer vom Gepäckband nahm. Nana, die Mutter von Mrs. Tuttle, war gekommen, um sie abzuholen.

„Wenn wir erfolgreiche Unternehmer sind, haben wir vielleicht unseren eigenen Chauffeur, der uns dann abholt", sagte Emily. Ethan gähnte.

„Habt ihr denn schon eine Geschäftsidee?", fragte Nana.

„In der Tat", antwortete Mrs. Tuttle. „Die Zwillinge möchten ein Theater für Schauspiel- und Musicalaufführungen gründen. Das könnte eine echte Marktlücke in unserer Stadt sein."

„Das klingt aufregend", antwortete Nana. „Erzählt mir mehr davon, wenn ihr alle morgen wieder ausgeschlafen seid."

Am nächsten Nachmittag lud Nana die Familie in die Stadt ein, um ihr von der Geschäftsidee zu erzählen. „Da wären wir", sagte Mr. Tuttle, als er das Auto der Familie parkte.

„Das ist doch Nanas Tanzstudio", sagte Emily. Das Gebäude sah aus, als würde es schon eine Weile leer stehen.

„Genau", antwortete Mrs. Tuttle. „Ich habe einen Großteil meiner Jugend hier verbracht. Zusammen mit der Hälfte der Mädchen aus der ganzen Stadt habe ich hier Tanzen gelernt."

„Eure Mutter war eine meiner besten Schülerinnen ... außer, wenn sie gefaulenzt hat", sagte Nana und zwinkerte ihrer Tochter zu. „Kommt herein!"

„Warum hast du dein Tanzstudio denn geschlossen, Nana?", fragte Emily, als sie hineingingen.

„Letztes Jahr hat die Stadt ein Freizeitzentrum gebaut. Dort bieten sie auch Tanzkurse an", antwortete sie. „Weil dort ein großer Teil der Kosten über Steuern finanziert wird, sind die Tanzkurse dort viel billiger, als ich sie anbieten kann. Auch andere private Tanzstudios haben ihre Schüler verloren und mussten schließen."

„Das ist aber unfair", sagte Ethan. „Das tut mir sehr leid für dich."

„Ist schon gut", antwortete Nana. „So ist das als Unternehmer. Manchmal gewinnst du, und manchmal verlierst du. Ich wollte sowieso in Rente gehen", sagte sie und lachte.

Nana führte die Familie durch das Gebäude, in dem es schon eine Menge Spinnweben gab. Dann betraten sie die große Bühne.

„Stellt euch diesen Raum voller Menschen vor, die nur gekommen sind, um euer Stück zu sehen, Kinder", sagte Nana.

„Hilfst du uns?", fragte Ethan. Die Zwillinge hüpften vor Freude. Sie waren begeistert von der Aussicht, dass Nana ihnen bei der Verwirklichung ihrer Idee helfen würde. „Willst du unser Löwe sein?"

„Nun, ich bin eventuell bereit, in euer Unternehmen zu investieren", antwortete Nana. „Ich möchte eure Pläne unterstützen. Aber vorher habe ich noch einige wichtige Fragen an euch, um herauszufinden, ob ihr echte Unternehmerpersönlichkeiten seid."

„Also, es sind fünf grundlegende Fragen", sagte sie. „Bevor ich damals das Tanzstudio eröffnete, hat euer Opa dafür gesorgt, dass ich diese Fragen alle gut beantworten konnte. Jetzt seid ihr dran."

„Frage Nummer eins", begann sie. „Seid ihr bereit, Risiken einzugehen? Viele Menschen wollen einen sicheren Job, mit einer festgelegten Arbeitszeit für einen festen Lohn. Aber ein Unternehmer muss so intensiv arbeiten, wie es sein Geschäft erfordert. Für die Aussicht auf Erfolg muss er viel Zeit und Geld investieren. Und er riskiert dabei, eventuell zu scheitern."

„Sein eigener Chef zu sein, klingt toll", antwortete Emily. „Außerdem haben wir ja bereits ein kleines Unternehmen."

„Das ist ein *wirklich* kleines Unternehmen", flüsterte Mrs. Tuttle ihrem Mann zu. Sie wussten, dass Emily den Limonadenstand der Zwillinge meinte. Dann nahm sie eine Papierrolle, die sie gefunden hatte und wie eine Tafel benutzen konnten. Sie klebte ein Stück an die Wand und begann, die Dinge aufzuschreiben, über die sie sprachen.

„Also. Wer seid ihr?", fragte Nana noch einmal.

„Wir sind Unternehmer!", antworteten die Tuttle-Zwillinge schnell wie aus einem Munde.

„Zweite Frage: Was könnt ihr?", fuhr Nana fort. „Welche Fähigkeiten oder Kenntnisse habt ihr? Was macht euch besonders wertvoll für eure Kunden?"

„Mama hat Theatererfahrung", antwortete Ethan. Damit wirbelte er tanzend herum, wie es auch seine Mutter so gerne tat. „Sie weiß, was eine gute Show ausmacht."

„Und euer Vater hat schon mehrere erfolgreiche Unternehmen gegründet", ergänzte Mrs. Tuttle. „Er ist ein sehr guter Problemlöser. Es ist wichtig, jemanden mit diesen Fähigkeiten zu haben."

„Von Papa habe ich gelernt, wie man gutes Marketing macht", sagte Emily. Dabei dachte sie an ihre Aktion für die Imbisswagen. „Ethan hat eine tolle Vorstellungskraft und er kann gut zeichnen!"

2. WAS KÖNNT IHR?

- Theatererfahrung
- Autorin

- Erfahrung als Unternehmer
- Problemlöser

- Marketingkenntnisse
- Nähen und Handwerken

- Gut in Mathe
- Künstler
- Vorstellungskraft

3. WEN KENNT IHR?

Mrs. Tuttle begann, die dritte Frage aufzuschreiben. Sie ahnte schon, was Nana als nächstes wissen wollte. Wen kennt ihr?

„In fast allen Lebensbereichen kommt es auf die Zusammenarbeit mit Menschen an, die man kennt und denen man vertraut", erklärte Mrs. Tuttle. „Diese Menschen sind euer Netzwerk. Wer, im Netzwerk unserer Familie, verfügt über Fähigkeiten oder Kenntnisse, die wir bei unserem Unternehmen gebrauchen könnten?"

Jedem von ihnen fielen einige Namen ein. Als Mrs. Tuttle alle Namen notiert hatte, war das ganze Plakat vollständig beschrieben. Sie hatten viele Freunde und Kontakte mit hilfreichen Fähigkeiten.

„Hervorragend!" Nana klatschte vor Begeisterung. „Das ist schon mal ein toller Anfang."

4. WAS SIND EURE RESSOURCEN?

„Was sind eure Ressourcen?", fragte Nana als nächstes. „Was habt ihr an Geräten, Ausrüstung oder Geld, mit dem ihr das Unternehmen starten könnt? Wie viel Ersparnisse habt ihr?"

Die Zwillinge tuschelten, um ihre Ersparnisse zusammenzurechnen. „Wir haben nur 49 Dollar, Nana", antwortete Ethan.

„Das ist aber viel weniger als das, was ihr braucht, um eine Show zu produzieren", sagte Mrs. Tuttle. „Also müsst ihr diesen Löwen hier unbedingt überzeugen, euch mit etwas Kapital zu unterstützen", fügte sie hinzu und deutete auf Nana. „Ohne Geld wird das nichts mit eurem Unternehmen."

Kapital

„Was uns zu unserer fünften und letzten Frage führt", sagte Nana. „Wie könnt ihr euren Kunden das Leben angenehmer machen?"

Die Zwillinge dachten beide für einen Moment nach. „Papa sagte, eine Möglichkeit für einen Unternehmer ist es, etwas anzubieten, das es noch nicht gibt", sagte Ethan.

„Das stimmt", antwortete Mrs. Tuttle. „In unserer Stadt gehen viele Leute gerne ins Kino. Wir müssen sie davon überzeugen, dass unsere Live-Aufführungen interessanter, besser oder billiger sind, damit sie zu uns kommen."

„Dann machen wir das doch. Hilfst du uns, Nana?", fragte Emily.

„Also eure Begeisterung ist wirklich beeindruckend", sagte Nana. „Aber bevor ich investiere, müssen wir uns noch mit den Finanzen befassen."

5. WAS KANN DEIN BEITRAG SEIN?

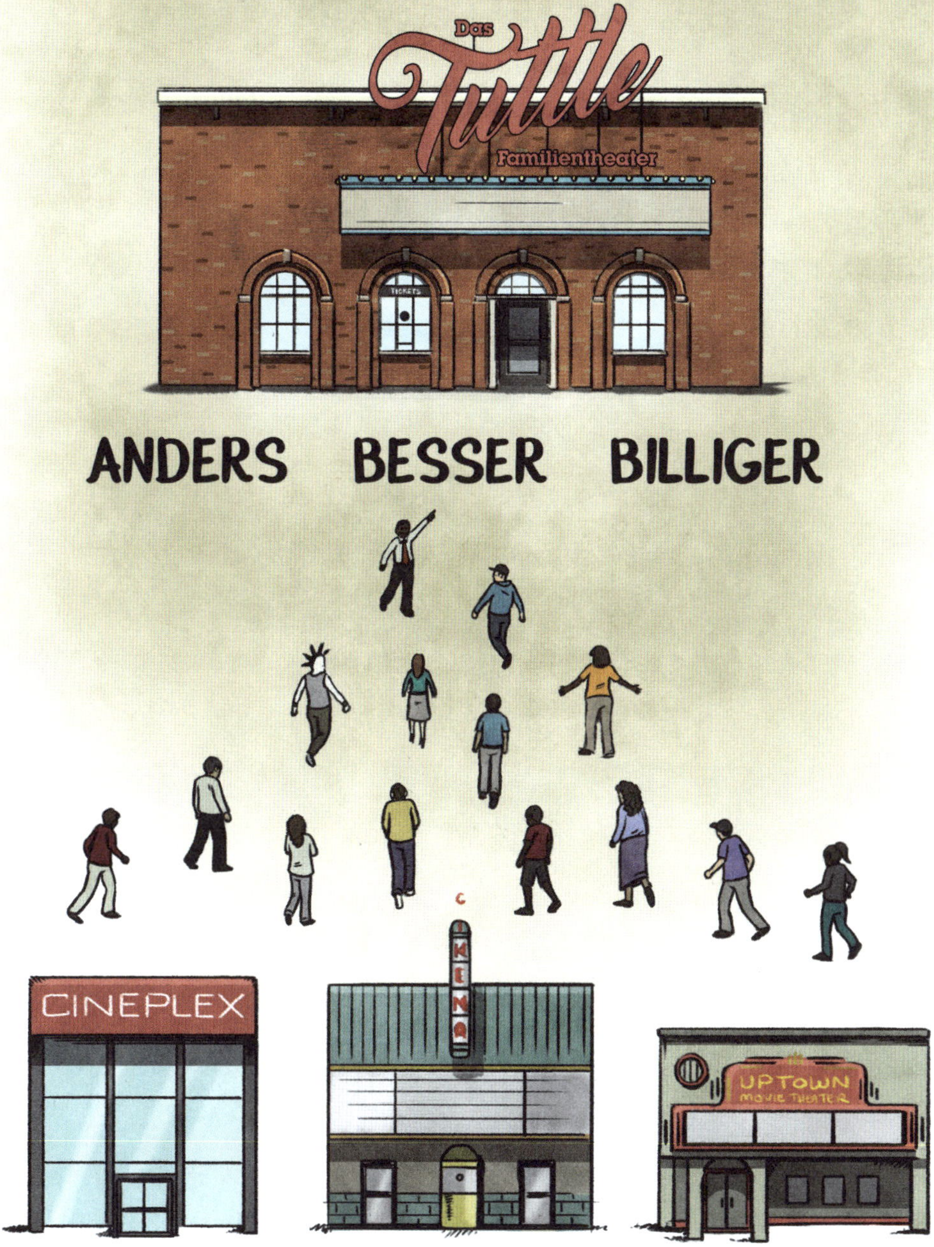

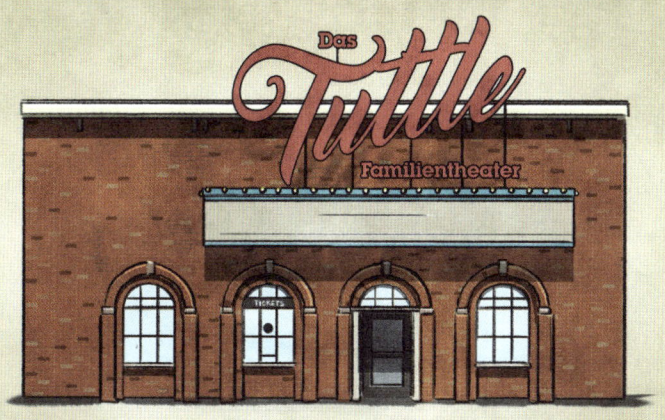

„Dazu braucht ihr einen Businessplan", sagte Mr. Tuttle. „Darin werden alle Betriebskosten und die Verkaufsstrategie aufgelistet. Außerdem eine Kalkulation, wie viele Tickets ihr verkaufen müsst, um Gewinn zu machen", erklärte er weiter und nahm ein neues Blatt Papier.

„Müssen wir das machen?", fragte Emily.

„Wenn ich euch Geld geben soll, unbedingt!", antwortete Nana. „Ihr riskiert ja nichts. Aber wenn ich euch meine Räume überlasse und auch noch Geld gebe, bin ich diejenige, die Verlust macht, falls es nicht klappt. Deshalb möchte ich den Businessplan sehen, um Risiko und Gewinnaussichten einschätzen zu können."

„Lasst uns mit der Kalkulation anfangen", sagte Mr. Tuttle. „Das ist eine Liste aller Ausgaben. Danach können wir ausrechnen, wieviel Geld wir von Nana leihen müssen."

„Wie praktisch, dass ich gut in Mathe bin", sagte Ethan grinsend.

„Das wird wohl eine Weile dauern. Ich besorge uns etwas zu essen", sagte Mrs. Tuttle und machte sich auf den Weg.

Ethan und Emily brauchten eine halbe Stunde, um eine Liste aller benötigten Dinge zu erstellen. Das waren Farbe, Baumaterialien, neue Stühle, Lampen, Tontechnik, Kostüme, Versicherungen und vieles mehr. Mr. Tuttle informierte sich jeweils nach den Preisen.

„Übrigens brauchen wir auch noch 2.000 Dollar für die Aufführungsrechte", sagte er.

Ethan schaute ungläubig auf seine Liste. „Also wir brauchen ungefähr … 23.210 Dollar", sagte er gerade in dem Moment, als seine Mutter zurückkam.

„Denkt auch an die Gewerbeanmeldung, weitere Genehmigungen und natürlich auch an die Steuern", sagte Mrs. Tuttle und gab jedem eine Portion Essen.

Ethan fühlte sich wie erschlagen. „Werden wir es wohl überhaupt schaffen, Geld damit zu verdienen?", fragte er.

„Der größte Teil der Kosten ist für die neuen Stühle. Allein das ist schon mehr, als ich investieren kann", erklärte Nana. „Wir müssen probieren, insgesamt unter 14.000 Dollar zu bleiben."

„Es scheint, als wäre unser Unternehmen vorbei, bevor es richtig begonnen hat. Das ist nicht fair", sagte Ethan ärgerlich.

Emily war traurig. Aber sie erinnerte sich, dass ihr Vater oft gesagt hatte, wie wichtig es ist, ein Problemlöser zu sein. „Wir müssen bloß eine Lösung finden", sagte sie.

„Genau!", sagte Mr. Tuttle. „Ihr habt das Budget überschritten. Also brauchen wir kreative Lösungen, um die Kosten zu senken. Habt ihr Ideen?"

„Ich glaube, Ethan könnte ein eigenes Stück schreiben", schlug Emily vor. „Er erfindet ja so gerne Geschichten. Und Mama könnte ihm helfen. Dadurch würden wir schon einiges sparen."

Ethan sprang auf und sprach mit vollem Mund: „Vielleicht können wir aus einem alten Kino oder einer Kirche gebrauchte Stühle bekommen."

„Hervorragende Ideen", antwortete Mr. Tuttle. „Lasst uns ein paar Leute anrufen und schauen, was davon möglich ist."

„Das sind wirklich sehr kreative Problemlösungsvorschläge", sagte Nana begeistert. „Mit diesen Ausgabenkürzungen sollten wir es schaffen, unser Budget einzuhalten. Ihr beide entwickelt euch zu großartigen Unternehmern!"

„Jetzt brauchen wir einen Ausgabenplan – auch um unseren Gewinn zu berechnen", sagte Mr. Tuttle. „Rechnen wir mal mit 200 Plätzen und sechs Vorstellungen pro Jahr …"

„Wir könnten 1.200 Tickets verkaufen!", sagte Ethan. „Um die 14.000 Dollar zurückzuzahlen, müsste jedes Ticket 12 Dollar kosten", sagte er nach einem flinken Kopfrechnen.

„Nur, wenn du mir schon im ersten Jahr alles zurückzahlen willst", sagte Nana. „Aber dann bliebe nach Bezahlung aller Rechnungen gar kein Gewinn für euch."

„Oh, wir möchten aber einen großen Gewinn", sagte Emily, „damit wir ganz viele tolle Spielsachen kaufen können."

„Gewinn ist aber nicht nur für Spielzeug da", sagte Mr. Tuttle. „Ihr braucht auch Geld, um euer Unternehmen zu verbessern – zum Beispiel für neue Kostüme oder Stühle. Aber wenn ihr alles Geld an Nana zahlt oder Spielzeug davon kauft, bleibt für diese Verbesserungen nichts mehr übrig."

„Vielleicht sind 12 Dollar Eintritt auch zu hoch", sagte Nana. „Was kostet denn ein Kinobesuch? Eure Tickets sollten besser etwas günstiger sein, um Kunden anzulocken."

Die Zwillinge entschieden sich für nur 10 Dollar Eintritt. Das sollte genug Überschuss ergeben, um nach und nach Nana ihr Geld zurückzuzahlen, um Geld für Verbesserungen zu haben und um auch noch einen kleinen Gewinn für sich selbst zu behalten.

Jetzt rauchten den Zwillingen die Köpfe. Sie hätten nicht gedacht, was alles bei einer Unternehmensgründung zu bedenken war.

„Stellt euch vor, wie es ist, wenn es hier Aufführungen vor ausverkauftem Publikum gibt", sagte Mrs. Tuttle.

Die Zwillinge stellten sich ein Familientheater vor, das bei den Menschen aus ihrer Stadt beliebt war und für gute Unterhaltung sorgte. Emily sprang über die Bühne. Sie konnte es kaum abwarten, endlich loszulegen.

„Seid ihr sicher, dass die Leute tatsächlich zu uns kommen werden?", fragte Ethan. Er zweifelte ein bisschen, dass es wirklich ein Erfolg werden würde.

„Es gibt nichts Vergleichbares in unserer Stadt", warf Mr. Tuttle ein. „Die Leute werden gerne für eine tolle Show bezahlen, wenn wir ihnen eine solche bieten."

„Ich denke auch, dass sie kommen werden", sagte Nana. „Deshalb möchte ich bei euch investieren. Ihr könnt auf mich als Löwen zählen."

In den nächsten Monaten gab es sehr viel zu tun. Ethan und seine Mutter schrieben ein Musical mit dem Titel „Die Unterwasser-Abenteuer des Timothy Oscar". Sie führten Vorsingen durch, um die besten Darsteller zu finden. Dann begannen die Proben.

Mr. Tuttle installierte Bänke, die er von einer Kirche bekommen hatte, die gerade renoviert wurde. Er rief auch die Leute aus ihrem Netzwerk an, um sie um Hilfe zu bitten.

Mr. Miner war ein begabter Musiker und bot an, die Musik kostenlos zu schreiben und aufzunehmen. Mrs. Lopez versorgte sie alle mit Keksen. Und Onkel Ben kümmerte sich um die Projektion der Bühnenhintergründe. So brauchte man diese nicht zu malen.

Emily nähte mit Nana die Kostüme. Sie kauften im Second-Hand-Laden und brauchten nur die Hälfte des Kostümbudgets. Opa Tuttle bekam von seinem Freund, dem Besitzer eines Baumarktes, einige Materialien als Spende. Damit konnte er Schilder für die Außenwerbung und auch noch ein paar Bühnenrequisiten bauen, ohne das Budget zu überschreiten.

Das Gebäude zu renovieren, war der anstrengendste Teil. Unzählige Stunden schleppten die Zwillinge Müllsäcke, strichen die Wände und putzten jeden Winkel.

Vor lauter Konzentration auf ihre Arbeit bemerkten Ethan und Emily gar nicht die Frau, die oft durch die Fenster schaute und alles beobachtete.

Jeden Abend nach getaner Arbeit hingen die Zwillinge noch Plakate auf, obwohl sie müde waren und sich gerne schon ausgeruht hätten. Außerdem warben sie auch online. Schließlich sollten viele Zuschauer in ihr Musical kommen.

„Ich hoffe, dass sich die viele Arbeit auch lohnen wird", seufzte Emily. „Es ist ganz schön anstrengend."

„Klar wird es sich lohnen. Und es wird uns auch einen schönen Gewinn bescheren", antwortete Ethan und stellte sich vor, wie es Geld regnete.

„Nein! Nicht Timothy Oscar!", rief einer der Schauspieler und hob einen Dreizack, um den Helden zu attackieren.

Endlich hatte das Tuttle-Familien-Theater seine Premiere. Ethan und Emily gingen nervös hinter der Bühne auf und ab. Die Schauspieler liefen um sie herum, um sich für ihre Auftritte bereit zu machen.

Der Saal war ausverkauft. Wochenlang hatten die Leute über das neue Musical in ihrer Stadt gesprochen. So viele waren gekommen und wollten sehen, was dort geboten wurde. Die Requisiten, die Kostüme, die Musik und die Projektionen – alles war großartig.

Die Zwillinge schauten durch den Vorhang und freuten sich darüber, wie gut es dem Publikum gefiel.

Dabei fiel ihnen eine Frau in der ersten Reihe auf, die besonders interessiert zusah und sich sogar Notizen machte. Ihnen war gar nicht aufgefallen, dass die Frau sie schon wochenlang beobachtet hatte.

Wer war das, fragten sie sich?

Nach der Vorstellung traf sich die Familie Tuttle mit Nana in der Eisdiele. „Ich bin so stolz!", schwärmte Nana und nahm die Zwillinge in die Arme. „Die Zuschauer waren begeistert."

Während alle noch über die Aufführung sprachen, musste Ethan die ganze Zeit an diese mysteriöse Frau denken. „Habt ihr auch die Frau bemerkt, die im Publikum saß und sich Notizen gemacht hat?", fragte er die anderen.

„Ich glaube, ich weiß, wer sie ist", antwortet Mrs. Tuttle. „Sie hat diese Flyer an alle Autos vor dem Theater verteilt. Auch an unserem", sagte sie. Sie zeigte den Zwillingen den Flyer, der die Premiere des Theaters der Tarp-Truppe ankündigte.

„Kaum dass wir angefangen haben, bekommen wir schon Konkurrenz?", fragte Emily und klang ziemlich frustriert. „Das ist nicht fair!"

„Du irrst dich, meine Liebe", antwortete Nana schnell. „Wettbewerb ist toll! Konkurrenz spornt euch an, immer besser zu werden und Möglichkeiten zu suchen, um eure Kosten zu senken."

„Stellt euch mal vor, es gäbe bei uns nur eine Eisdiele", fuhr sie fort und ging mit den Zwillingen zum Tresen. „Das wäre ein Monopol. Sie könnte jeden Preis nehmen. Sie hätte auch keinen Grund, etwas zu verbessern oder neue Eissorten anzubieten, weil es keinen Wettbewerb gäbe, der sie dazu drängen würde."

„In einer Welt ohne Stracciatella möchte ich nicht leben!", sagte Mr. Tuttle nüchtern. Seine Lieblingseissorten waren ihm sehr wichtig.

Die Zwillinge betrachteten die vielen verschiedenen Sorten, die es vor allem deshalb gab, weil die Eisdielen einander Konkurrenz machten.

„Wir haben eine große Auswahl an Eisdielen. Das weiß auch der Besitzer dieser Eisdiele", ergänzte Mrs. Tuttle. „Deshalb bietet er viele verschiedene Sorten in guter Qualität zu einem erschwinglichen Preis an, damit wir bei ihm kaufen anstatt woanders."

„Also brauchen wir Abwechslung im Programm und einen günstigen Eintrittspreis, um erfolgreich zu bleiben", sagte Ethan.

„Also führen wir mehrere verschiedene Musicals auf", sagte Emily zwischen zwei Löffeln Eis. „Aber wie können wir den Eintrittspreis senken? Wir müssen doch Gewinn machen, damit wir Nana ihr Geld zurückzahlen können."

„Macht es doch wie eure Konkurrenz: Findet Sponsoren!", schlug Mr. Tuttle vor. Dann las er von dem Flyer die Unternehmen vor, die die Tarp-Truppe als Sponsoren unterstützen.

Die Zwillinge flüsterten einander zu. Sie hatten schon eine Idee. Ethan zwinkerte seiner Mutter zu und machte sich zusammen mit Emily auf den Weg zum Besitzer der Eisdiele.

Wenig später kamen sie zurück und strahlten über das ganze Gesicht. „Wir haben unseren ersten Sponsor!", verkündete Ethan. Der Besitzer wollte 300 Dollar bezahlen, um in ihrem Programmheft zu werben.

„Je mehr Sponsoren wir finden, desto größer wird unser Gewinn!", freute sich Emily.

Ihre zweite Aufführung fand am kommenden Wochenende statt. Sie hatten noch einiges zu verbessern und sie lernten weiter dazu. Ethan und Emily freuten sich, dass wieder viele begeisterte Besucher da waren.

Sie sahen die vielen Leute und schauten sich dann tief in die Augen. „Schau, was wir geschafft haben!", sagte Ethan zu seiner Schwester. „Ist das nicht großartig?"

„Absolut. Und unsere Konkurrenz sollte sich besser in Acht nehmen", ergänzte sie grinsend.

Emily war so glücklich. Es war ein bisschen wie am Broadway – und das in ihrer Heimatstadt mit all ihren Verwandten und Freunden, die sie unterstützten.

Die Zwillinge waren begeistert, ihre eigenen Chefs zu sein und ihr eigenes Geld zu verdienen. Bei ihrem Musical-Abenteuer lernten sie jeden Tag alle möglichen neuen Dinge. Jetzt waren sie Unternehmer!

Nana wartete vor dem Theater bis Ethan und Emily abgeschlossen hatten.

„Ihr zwei habt etwas Großartiges aus meinem alten Tanzstudio gemacht", sagte sie.

„Aber das waren wir nicht allein", antwortete Ethan. „Und das war erst der Anfang. Es gibt noch so viel mehr zu tun!"

„Stimmt. Für einen Unternehmer gibt es immer etwas zu tun", sagte Nana. „Wie sonst sollten die Löwen ihre Gewinne machen?", lachte sie.

„Komm ihr nicht zu nahe", sagte Emily und hielt ihren Bruder zurück. „Sie könnte zubeißen!"

„Das einzige, wo ich jetzt zubeißen möchte, ist ein weiteres Eis", sagte Nana. „Kommt, lasst uns unseren Erfolg feiern!"

Ende

„Die Bedeutung des Unternehmers für die Marktwirtschaft wird kaum je richtig dargestellt. Genauso wenig wird es gewürdigt, dass die Unternehmer die Antriebskraft des Marktprozesses schlechthin sind."

—Dr. Israel M. Kirzner

Auf Basis der Arbeiten der berühmten Ökonomen Ludwig von Mises und Friedrich August von Hayek betont Israel Kirzner in seinem gleichnamigen Buch die zentrale Bedeutung von "Wettbewerb und Unternehmertum" für die wirtschaftliche Entwicklung. Wettbewerb spornt die Unternehmer zu immer neuen und besseren Angeboten an.

Kirzners bereits 1973 veröffentlichtes Buch hat bis heute nichts von seiner Aktualität verloren. Es vermittelt diese wichtigen ökonomischen Konzepte nicht durch komplizierte Mathematik, sondern durch simple Logik und einfache Erklärungen.

Kirzner richtet sich eigentlich an ein ökonomisches Fachpublikum. Trotzdem können auch Eltern, Schüler oder Studenten so die wirtschaftliche Bedeutung des Unternehmertums besser verstehen.

Der Autor

Connor Boyack ist Präsident des Libertas Institute, einer öffentlichen Denkfabrik in Utah (USA). Er hat mehrere Bücher über Politik und Religion geschrieben sowie hunderte von Artikeln, in denen er sich für die persönliche Freiheit einsetzt. Über seine Arbeit wurde national und international in Radio, Fernsehen und Zeitschriften berichtet.

Er wurde in Kalifornien geboren und hat an der Brigham Young University studiert. Er lebt zusammen mit seiner Frau und seinen zwei Kindern in Lehi (Utah).

Der Zeichner

Elijah Stanfield ist Inhaber des Medienunternehmens Red House Motion Imaging in Washington.

Er beschäftigt sich seit langem mit der Österreichischen Schule der Nationalökonomie, mit Geschichte und mit der Philosophie des klassischen Liberalismus. Mit großem Engagement widmet er sich der Verbreitung der Ideen von freien Märkten sowie der persönlichen Freiheit. Für die Kampagne zur Bewerbung des libertären Politikers Ron Paul als amerikanischer Präsident im Jahr 2012 hat er acht Videos produziert. Er lebt mit seiner Frau und ihren fünf Kindern in Richland (Washington).

Besucht uns auch auf TuttleTwins.com
oder kinder-der-freiheit.com!

Glossar

Ausgaben: Die erforderlichen Kosten, um Dinge einzukaufen.

Budget: Eine Kalkulation aller geplanten Einnahmen und Ausgaben.

Business Plan: Erklärt, wie ein Unternehmen funktioniert und wie es seine Ziele erreichen will.

Eigenkapital: Der Wert all dessen, was ein Unternehmen besitzt.

Gewinnspanne: Das Geld, das übrig bleibt, nachdem alle Ausgaben bezahlt wurden.

Investition: Ein Investor gibt einem Unternehmen Geld und erhält dafür eine Beteiligung am Eigenkapital.

Monopol: Ein Unternehmen, das keine Wettbewerber hat.

Netzwerk: Personen, die man kennt und mit denen man interagiert.

Unternehmer: Ein Geschäftsinhaber, der eine Marktlücke erkennt und dann in der Hoffnung auf Gewinn Risiken eingeht, um diesen Bedarf zu decken.

Fragen zur Diskussion

1. Beantworte für dich die fünf Fragen, die in der Geschichte gestellt werden.
2. Warum wird bei Risiken eine Belohnung in Aussicht gestellt?
3. Was ist schlecht an Monopolen?
4. Was für ein Unternehmen könntest du eröffnen?
5. Warum werden so wenige Menschen selbst Unternehmer?

Mehr Fragen, Lernaufgaben und Rätsel gibt es im zugehörigen Arbeitsheft. Erhältlich unter www.kinder-der-freiheit.com